山陽学園
130年の軌跡

SANYO GAKUEN
130th ANNIVERSARY
A VISUAL HISTORY

学校法人山陽学園

はじめに

　山陽英和女学校が現在の岡山市北区中山下の地で創立し、2016（平成28）年に130年を迎えます。女子教育の黎明期である明治時代中期に産声をあげた学園は、幾多の試練を乗り越え、幼稚園、中学校、高等学校、短期大学、大学、大学院を擁する総合学園に発展しました。このたび、学園の歴史を写真中心に「ビジュアル版」としてまとめました。

　本書は2部構成になっています。第1部は山陽学園130年の歴史を10年ごとに区切り、その時代に起こった世の中の動き、岡山の動きと共に複眼的にアプローチしました。第2部はテーマ史として、校舎、制服、学園生活今昔比較などの観点で130年の歴史を俯瞰できるようにしました。山陽学園の歴史のみならず、郷土史、女学生文化史の側面にも焦点を当てていますので、幅広い分野でお楽しみいただければ幸いです。

目次

第1部　山陽学園130年の歴史 ……………………… 3

第2部　山陽学園テーマ史 ……………………… 31

校舎の記録（中学校・高等学校）……………………… 32
校舎の記録（大学・短期大学・幼稚園）……………………… 38
制服スタイルブック……………………… 40
学園パンフレットあれこれ……………………… 42
学園生活いまむかし……………………… 44
学園点描……………………… 46

第1部
山陽学園130年の歴史

1886-1896

女子教育の黎明期、1886（明治19）年、日本組合岡山基督教会に集う人々の熱意と献身により、山陽英和女学校が現在の岡山市北区中山下の地で創立した。わずか生徒数33人での誕生である。3年後には現在の岡山市中区徳吉町に移転したが、深刻な財政危機に陥る。学校委員らは資金集めに奔走し、生徒たちも余暇時間に編み物や裁縫で得た利益を学校のためにと拠出した。しかし、折からの国粋主義的風潮は学校経営にとって逆風となり、学校存続を模索するという波乱にみちた最初の10年である。

最初の入学生（1886年頃）
1886（明治19）年、山陽英和女学校は生徒33人で開校した。この写真は東山公園で写したものと思われる。開校当時、現在の中山下にあった岡山基督教会東側の士族屋敷を校舎としていた。

年	学園の歴史	世の中の動き	岡山の動き
1886（明治19）	岡山市中山下に山陽英和女学校開校	帝国大学令	山内善男・大久保熊太郎、マスカットを温室栽培する
1888（明治21）	岡山市徳吉町に新校舎、講堂、寄宿舎が落成	ルイ・ル・プランスが映画を発明	JR山陽本線の前身「山陽鉄道会社」発足
1890（明治23）	生徒数減少と校舎建築費の負債で深刻な財政危機に	第1回衆議院総選挙	岡山城が陸軍省より旧藩主池田章政に払い下げられる
1892（明治25）	山陽女学校と改称し、良妻賢母主義教育へ転換	北里柴三郎ら伝染病研究所設立	「岡山英語学校」を「薇陽学院」に改める
1894（明治27）	再び財政危機に陥り、募金活動や、生徒募集に奔走／三つ星の学校徽章制定	日清戦争勃発	安倍磯雄、岡山薬学校（現関西高校）に野球を伝える

日本組合岡山基督教会の宣教師たち（1879年頃）
日本組合岡山基督教会に集う人々。後列右端は創立功労者のオーティス・ケーリ宣教師。その右下は同夫人のアイリーン・マリア・ケーリで、開校当時嘱託教師として英語を教えるなど大きな貢献をした。

和裁実習（1890年代）
当時の国粋主義的風潮におされて、校名から「英和」の2字を削り、良妻賢母教育への転換を余儀なくされた。授業はそれまでの英語中心のものから、和裁をはじめ、琴、茶の湯、生け花などを教科として取り入れた。

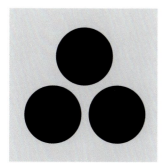

1894年制定の学校徽章
山陽女学校の学校徽章（校章）は、キリスト教の三位一体の概念を三つの星で表したデザインで制定した。

第1回卒業生（1891年）後列右端は上代淑
1891（明治24）年7月、第1回卒業式を挙行した。卒業式を迎えることができたのはわずか18人であった。

校長

1892 初代 望月與三郎

1896年　創立10周年そのとき

1896年11月14日、財政危機の中、創立10周年記念式を行った。午前中には生徒によるオルガン合奏、弾琴、琵琶、文章朗読などの音楽会および文学会、午後には祝賀式と来賓、安井丈夫（銀行家）と小崎弘道（伝道師）の演説、安倍磯雄教師による「十年期祝会報告」が行われた。

十年期祝会報告を行った安倍磯雄教師

第1部　山陽学園130年の歴史

1897–1906

　1897（明治30）年10月、学校委員や評議員など関係者が集まり、学校の今後についての議論が行われていた。学校の累積赤字は膨らみ厳しい状況であった。県立移管論も出る中、長時間の議論の末、あくまで私立学校として維持することを決定した。関係者の努力の末、創立以来の慢性的財政難はようやく解消に向かっていった。校章やオリーブグリーンのスクールカラーが生まれ、現在まで続く学校行事「きざはしの式」が始まったのも学校創立20周年の頃である。

ゾボーバンド（1902年）
第六高等学校教師エドワード・ガントレット（後列右から2人目）がアメリカから取り寄せた、声で奏でる楽器「ゾボー」を使った「ゾボーバンド」を結成したときのものである。ガントレットは第六高等学校教師として来岡していた。妻のガントレット恒子（前列左端）、義弟の山田耕筰（後列右端）らと門田屋敷の三友寺に住んでおり、上代淑（前列右端）と深い交流があった。

年	学園の歴史	世の中の動き	岡山の動き
1897（明治30）	県立移管の声もあったが、学校委員会・評議員会は私学として維持することを確認／生徒も封筒貼りなどで学校財政に協力しようと愛校会を結成	金本位制実施	岡山孤児院尋常高等小学校設置が許可される
1898（明治31）	山陽高等女学校と改称／中川横太郎が学校資金募集に尽力／第1回慈善市開催	米西戦争	中国鉄道（現JR津山線）岡山―津山間開通
1899（明治32）	岡山県から初めて補助金を受ける	義和団事件	岡山市南区藤田地区の開墾工事始まる
1901（明治34）	現行の校章制定／女学奨励大音楽会開催	田中正造、足尾銅山鉱毒事件で明治天皇に直訴	岡山県立農事試験場開設
1904（明治37）	財団法人となる	日露戦争勃発	山羽虎夫、初の純国産自動車である「山羽式蒸気自動車」製作
1905（明治38）	2階建て校舎105坪1棟、雨天体操場35坪1棟新築／生徒の考案によりオリーブグリーンがスクールカラーとして使われ始める／「きざはしの式」始まる	ポーツマス条約により日露戦争講和	岡山市に上水道始まる

雨天体操場での遊戯（1905年頃）
1905（明治38）年、2階建て校舎が建設された際、雨天体操場が新設された。雨天体操場とは、現代でいう体育館のことである。

私立女学校振興のために開催された女学奨励大音楽会（1901年）
1901（明治34）年11月22日と23日、山陽高等女学校が提唱し、私立女学校振興のための女学奨励大音楽会を開催した。出演者は岡山孤児院の吹奏楽、岡山県内の和洋音楽演奏家、アメリカ人音楽家など多彩を極めた。公演には約3,200人の来場者があった。利益は山陽高女だけでなく、一部は津山女学校、津山淑徳館、高梁順正女学校にも分配された。

1901年に制定された校章
現在まで使われている校章は、1901（明治34）年に制定した。1894年制定の三ツ星校章では襟留などを作ろうとするとバラバラになってしまうので三ツ星を連結させた現行のデザインを考案した。

1900年頃の卒業生。左胸に校章が付いている。

財団法人理事長　**校長**

1904 初代
中山寛

1897 第2代
新庄厚信

1903 第3代
木下玄三

1904 第4代
青木要吉

1905 第5代
豊田恒雄

1906年　創立20周年そのとき

1906年11月23日に行った創立20周年記念式では、文部省視学官、幣原坦による講演「婦人の勢力」、元教師の宇野光三郎による回顧談が行われた。この記念式のときから現在まで歌い継がれている「創立記念式の歌」を斉唱した。

創立20周年を記念して作成したスタンプ

第1部　山陽学園130年の歴史

1907–1916

　1908（明治41）年、上代淑が37歳の若さで第6代校長に就任した。学校は順調に拡充し、1915（大正4）年には生徒が400人に近づくようになってきた。同時に卒業生の学校に対する支援も活発になった。1914（大正3）年、卒業生のサロンであると同時に在校生のための特別教室の機能を持つ同窓会館を建築。1917（大正6）年には卒業生の山本多喜（第1次世界大戦の好況で「虎大尽」と呼ばれた山本唯三郎の夫人）が、2階建て校舎1棟を寄贈している。施設設備の充実、経営の安定、卒業生の支援と、学校経営が軌道に乗った創立30年である。

校庭の遊動円木（1907年）
遊動円木とは、太い丸太の両端を支柱や梁などに固定した鎖で水平に吊り下げた遊具である。明治時代の学校教育において児童生徒の体力向上のために全国各地の学校に普及した。山陽高等女学校では拡張した運動場に遊動円木やクロッケ設備（ゲートボールのような球技）を設置した。

年	学園の歴史	世の中の動き	岡山の動き
1907（明治40）	自助会（現在の生徒会）に全校生徒が参加	小学校令改正　義務教育が6年に	旧遷喬尋常小学校校舎（真庭市：国重要文化財）竣工
1908（明治41）	上代淑、第6代校長に就任	アメリカでT型フォード発売	岡山県立戦捷（せんしょう）記念図書館開館／倉敷紡績所玉島工場の女工1,300人がストライキ
1911（明治44）	山陽裁縫塾開設	アメリカとの関税自主権回復	岡山電気軌道、路面電車の運行を始める
1914（大正3）	同窓会館竣工	タイタニック号沈没	大原孫三郎、大原農業研究所を開設

同窓会館落成式（1914年）
1914（大正3）年、同窓生700人の努力の結晶である2階建ての同窓会館が寄付によって建てられた。通常は割烹、裁縫、作法などの特別教室として生徒に開放し、授業のないときは同窓生のサロンとして活用した。

アメリカにおいて卒業生と交歓する上代淑（1907年）
1907（明治40）年、上代淑は欧米の教育事情視察のため、9ヵ月間、アメリカやイギリスを訪問した。アメリカでは視察のかたわら、教会、大学、在留邦人に学校経営への資金援助を熱心に訴え、多くの募金が寄せられた。帰国後の1908（明治41）年、第6代校長に就任した。

大正時代初めの校舎内
上代淑校長の誕生日を祝った日の1枚である。廊下の壁面には額に入った生徒の絵画作品が飾られている。教室入口は紙で作った花で装飾され、生徒や教職員が待機し、校長を待っている。

明治末期の亜鈴体操（1910年）
山陽高等女学校では1908（明治41）年から亜鈴体操を取り入れた。亜鈴体操とは、木製のダンベルを両手に持ち、手足を伸ばしたり曲げたりして体を動かすものであった。アメリカから導入され、明治時代に全国の学校で行われた。揃いの白たすき、白緒の草履に和服姿で、オルガンの伴奏に合わせた体操は、近所の人々の注目を集めたという。

校長

1908　第6代　上代淑

1916年　創立30周年そのとき

1916年の創立30周年記念式典は3日間にわたり行った。記念講演会として安倍磯雄「女子教育の理想」、新渡戸稲造「己を知れ」、久留島武彦「婦人のつくるべき境遇」らが壇上に立った。一般に公開された音楽会では1,300人の聴衆で賑わったという。

創立30周年を祝う、学校誌「みさを」（山陽高等女学校行余会発行）

第1部　山陽学園130年の歴史

1917–1926

大正から昭和前期にかけての山陽高女は県立岡山高女（後の岡山一女）と並び、県下女学校の双璧であった。この頃より、明るく気さくで親切な気風の生徒たちは「山陽さん」と呼ばれて愛されていた。この校風と伝統形成は上代淑校長の「愛に生き奉仕と感謝の生活を送りましょう」という教えによるものが大きい。また、制服が洋服となり、当時流行していた「ライト式」校舎が建設されるなど、常に時代をリードする存在となっていた。創立40年は学校の最初の充実期であるといえる。

1922年の卒業写真
生徒の服装は、和服と洋服が混じっている。山陽高等女学校では、1922（大正11）年から洋服着用を許可し、1924（大正13）年、岡山県下の女学校に率先して制服を洋服に一本化した。その理由は体育に便利であることと、経済的負担も軽くなるということにあった。

年	学園の歴史	世の中の動き	岡山の動き
1917（大正6）	2階建て特別教室4室が「30周年記念教室」として完成	第1次世界大戦による未曾有の好景気	旭川の京橋―西中島に京橋が完成
1921（大正10）	山陽裁縫塾を山陽家政女塾と改める	原敬首相、東京駅で暗殺される	作山古墳（総社市）、国指定史跡となる
1924（大正13）	制服を洋服一本化にする／遠藤新の設計による「ライト式」2階建て校舎新築／同じく遠藤新による上代淑邸竣工	護憲三派による第2次護憲運動おこる	軍縮のため、岡山の第17師団廃止
1925（大正14）	上代淑校長、マウント・ホリヨーク大学からファイ・ベータ・カッパ会員に推薦される	娯楽雑誌『キング』創刊	公衆娯楽場として東山偕楽園開園
1926（大正15）	講堂拡張／寄宿舎隣地を埋立て、第2運動場新設	大正天皇崩御／昭和に改元	岡山孤児院解散、石井記念協会に引き継がれる

寄宿舎からの登校風景（1924年頃）
創立以来、遠方から通う生徒のための寄宿舎を整備した。生徒数の増加に伴い、入寮希望者が増加し、裁縫室や隣接する大福寺の庫裏なども寄宿舎として代用したが、大正時代に入ると、3棟の専用寄宿舎を1ヵ所にまとめた。

ライト式校舎のベランダ
1925（大正14）年、直線的なデザインが印象的な校舎が竣工した。この校舎を設計したのは、遠藤新(あらた)（1889-1951）。遠藤は、アメリカの著名な建築家であるフランク・ロイド・ライトの弟子として、東京日比谷の旧帝国ホテルや自由学園校舎の建設に携わっている。同時期に上代淑邸の設計も行っている。

上代淑校長がマウント・ホリヨーク大学から受けたファイ・ベータ・カッパ章
上代淑校長は母校であるアメリカのマウント・ホリヨーク大学から推挙され、1926（大正15）年に「ファイ・ベータ・カッパ(Phi Beta Kappa)」の会員となった。ファイ・ベータ・カッパは、1776年に創設されたアメリカ最古の優秀な大学卒業生からなる権威ある組織で、文理両分野における広い学識、向上心や人格、後進の育成などが考慮される。セオドア・ルーズベルト大統領（第26代）、ヘレンケラーやベルなども会員である。

肋木を使った体操の授業（1926年頃）
肋木とは木でできたはしご状の体操器具で、明治から昭和初期にかけて学校体育で採用された「スウェーデン体操」で使われていた。スウェーデン体操とは様々な動きを組み合わせた全身運動のことである。

1926年　創立40周年そのとき

1926年の創立40周年記念式典では、学校創立時より尽力した小野田元（はじめ）教師と、旭東日曜学校校長の河本乙五郎理事が「40年の回顧」という演題で講演した。また、山陽高女だけでなく市内の女子学生を招待し、麻生正蔵（日本女子大学校校長）、塚本はま（家政学者）の講演が行われた。

「40年の回顧」を講演した小野田元。小野田は明治初期のキリスト者・教育者で学校設立の中心人物であった。

1927–1936

　昭和に入ると、専用の体育館も完成し、「スポーツ山陽」と言われ、運動部の活躍が目立つようになった。特に庭球（テニス）、籠球（バスケットボール）、排球（バレーボール）部の台頭めざましく、県下だけでなく西日本、全国制覇を争う勢いであった。特筆すべきは、1934（昭和9）年に制定した紺色のワンピースの制服である。この制服はその後、2008（平成20）年入学生まで着用され、「山陽さん」のシンボルとなった。創立から50年、名実ともに山陽高等女学校の高揚期であった。

図書室（上）と売店（下）の内部
1928（昭和3）年、図書室、休養室、売店を擁する校舎を建設した。この校舎が完成した年に昭和天皇の即位の礼が行われたことから「御大礼記念図書室」と呼ばれた。

年	学園の歴史	世の中の動き	岡山の動き
1927（昭和2）	家政専攻科を設置／雨天体操場の屋上に専攻科教室、裁縫教室を増設	昭和金融恐慌	木口九峯、烏城彫宗家を起こす
1928（昭和3）	図書室、休養室、売店などを持つ2階建て校舎新築／第2運動場拡張	関東軍、中国軍閥の張作霖を爆殺	伯備線、岡山―米子間開通
1932（昭和7）	体育館新築	満州国建国	岡山出身の総理大臣犬養毅暗殺（五・一五事件）
1934（昭和9）	制服に紺色ワンピースを採用	室戸台風発生	瀬戸内海国立公園指定
1936（昭和11）	創立50周年を記念し、長島愛生園に「山陽高女寮」2棟寄贈	二・二六事件	津山扇形機関庫（現津山まなびの鉄道館）完成

排球(バレーボール)部の活躍
1929(昭和4)年の明治神宮大会では準決勝に進出した。その後も明治神宮大会にはたびたび出場、関西女子中等学校排球選手権大会では、1936(昭和11)年から5連覇を達成し、西日本女子排球界の王者といわれた。

優勝旗やカップを集めた「優勝旗祭」(1935年)
1935(昭和10)年春、スポーツ山陽の名声が県内外にとどろき、西日本の女子中等学校に覇を唱えるに至ったことを祝い、優勝旗祭を行った。全校生徒、教職員に加え、コーチや部の先輩、保護者などを招き、優勝旗10本、優勝カップ3個を高く掲げ、生徒一同で「優勝旗の歌」を歌った。

ハンセン病療養所である長島愛生園に「山陽高女寮」を寄贈(1936年)
ハンセン病療養所長島愛生園に入所する10代の患者のために「山陽高女寮」を寄贈した。1936(昭和11)年10月、生徒有志、教職員ら170人が同地を慰問した。ハンセン病患者への差別と偏見があった当時としては先進的な行事である。山陽と長島愛生園との繋がりはその後も現在に至るまで続いている。

夏服を着る生徒(1930年頃)
1924(大正13)年に制定された夏制服は、青と白のギンガムチェックワンピースで、白いストッキングを着用した。

1936年 創立50周年そのとき

1936年10月18日から1週間にわたり記念行事を行った。内容は、元本校教師で早稲田大学教授の安倍磯雄による講演、学校創立功労者追悼会、球技講演会、教職員の趣味展覧会、文芸会などであった。また、初のまとまった校史である『創立五十年史』を刊行した。

創立50周年記念絵ハガキ。当時の校舎の鳥瞰図に校歌と上代淑校長の写真を配したデザイン。

1937–1946

この時期は山陽でもっとも激動の時代であったといえる。10年を3期に分ければ女学生オーケストラの結成といった華々しい前期、戦時色が強くなり学校生活も不自由となった中期、戦災で校舎など設備をすべて失い、復興へ立ち上がった後期。どの時期の写真を見ても生徒たちに笑顔が見られるのは、時代に流されない上代淑校長の教育によるものであろう。校舎の焼け跡を目の前に「灰の中から立ち上がりましょう」と呼びかける校長はすべての学園関係者を奮起させた。しかし戦争による傷は大きく、本来1946(昭和21)年に行う予定であった創立60周年の行事を1年延期し、復興美術展や音楽会を開催するにとどまった。

音楽会で行われた秋吉宗鎮の指揮による弦楽合奏(1940年)
1935(昭和10)年、秋吉宗鎮が着任以来、音楽教育がより盛んになり、授業において楽典が必修となった。また、1938(昭和13)年には我が国初の女学生オーケストラ「山陽高等女学校管弦楽団」が結成された。太平洋戦争直前の切迫した空気の中、山陽高女での音楽教育はあくまで西洋古典音楽を基本としていた。

年	学園の歴史	世の中の動き	岡山の動き
1937(昭和12)	籠球部全国優勝	盧溝橋事件をきっかけに日中戦争勃発	室戸台風で流失した相生橋架け替え完成
1938(昭和13)	庭球部全国優勝／我が国初の女学生オーケストラ「山陽高等女学校管弦楽団」結成	国家総動員法	山陽本線で土砂崩れ
1939(昭和14)	山陽高女自衛団が組織され、防空避難訓練を行う	独ソ不可侵条約／第2次世界大戦始まる	町内会、部落会、隣組が組織される
1940(昭和15)	鼓笛隊編成される	日独伊3国軍事同盟成立／大政翼賛会発足	国民精神総動員岡山県支部設置／大政翼賛会岡山県支部結成
1941(昭和16)	自助会、行余会が廃止され、山陽高等女学校報国団が組織される	真珠湾攻撃をきっかけに太平洋戦争勃発	長島にあった大阪府主管の公立療養所光明園が国立療養所邑久光明園となる
1943(昭和18)	修学期間を1年短縮し、4年にする	イタリア降伏／学徒出陣	銅像、梵鐘などの金属類の非常回収／岡山商工会議所解散／市町村に女子勤労挺身隊結成
1944(昭和19)	山陽挺身隊結成式／学徒動員本格化	サイパン島陥落／本土空襲本格化	最上稲荷を運行していたケーブルカー「中国稲荷山鋼索鉄道」廃止される
1945(昭和20)	岡山空襲により校舎全焼／報国団解消し、校友会組織される／倉敷分校が酒津に開校	ドイツ降伏／広島長崎に原子爆弾投下／ポツダム宣言受諾／財閥解体	水島、玉野、岡山に空襲／終戦／占領軍駐留
1946(昭和21)	岡山市内での再建を決定／天満屋にて創立60周年復興美術展	日本国憲法公布／公職追放	衆議院総選挙、初めての女性代議士に近藤鶴代／南海大地震発生

校門を出る勤労奉仕隊(1939年)
1938(昭和13)年、国家総動員法の成立により、山陽高女の生徒にも勤労奉仕が課された。主に農作業を担当し、上道郡三蟠村の出征軍人遺族の農家へ田植えの援助に出動した。この頃は遠足気分であったが、戦争が激化すると、勤労奉仕は学徒動員と名を変え、工場などでのきつい作業が中心となった。

焼け跡の校地にて(1945年)
1945(昭和20)年6月29日の岡山空襲により校舎、寄宿舎、体育館などすべての設備が焼け落ちた。9月から授業は近くの鐘紡岡山絹糸工場の寮を借りて再開した。校舎がすべて焼けた校地は売却し、門田屋敷に移転する。

1945年3月の卒業写真。この3ヵ月後、岡山空襲により校舎は全焼する。

創立60年のタイミングで鐘紡絹糸工場跡地を購入し、学校の復興が決定した。

モンペ姿で操山の三勲神社横にある大岩の上に登る(1946年)。

1946年 創立60周年そのとき

1946年の創立60周年は戦災復興を優先したため大きな行事は行わなかった。翌1947年10月17日に三勲国民学校講堂を借りて記念式典を行った。

1947–1956

終戦後一時、倉敷への移転復興論もあったが、岡山市門田屋敷の地に復興を決め、新たに学校法人山陽学園山陽女子中学校・高等学校として生まれ変わった。校地は空襲で焼けた鐘ヶ淵紡績絹糸工場跡地。まだ空襲による瓦礫が残る中、木造の校舎が急ピッチで建設された。生徒、教職員、父母、同窓生、理事会とそれぞれの立場で一体となり復興資金を集めた成果である。1956（昭和31）年の創立70周年を迎える頃には、生徒数1,300人とそれを収容する施設・設備を擁する学園となった。

復興した学校の全景を操山から撮影（1952年）
左より2階建ての南舎、中舎、本館と呼ばれた北舎、淑徳館。学校周辺には住宅や工場が立ち並び、復興が一段落した様子がわかる。

年	学園の歴史	世の中の動き	岡山の動き
1947（昭和22）	鐘紡絹糸工場跡に校地移転／第1期木造校舎竣工／山陽高等女学校併設中学校設置	教育基本法、学校教育法、労働基準法、独占禁止法成立	戦後初の民選知事西岡広吉誕生／昭和天皇が県下巡幸
1948（昭和23）	新学制による山陽女子高等学校創設／倉敷分校閉鎖	ベルリン封鎖	大阪と多度津を結ぶ定期船「女王丸」、牛窓沖で戦時中の機雷に触れ沈没
1949（昭和24）	第2期木造2階建て校舎竣工	中華人民共和国成立	農地改革完遂／岡山大学開学
1950（昭和25）	山陽女子洋裁学校設立	朝鮮戦争勃発／警察予備隊新設	岡山城のうち焼け残った月見櫓、西之丸西手櫓が重要文化財となる
1951（昭和26）	「学校法人山陽学園」設置	サンフランシスコ平和条約・日米安全保障条約調印	玉島市、笠岡市誕生
1952（昭和27）	旧淑徳館竣工	保安隊設置	西大寺市、井原市誕生／月の輪古墳発掘
1953（昭和28）	山陽女子洋裁学校廃止	テレビ放送開始	第2代知事に三木行治当選
1954（昭和29）	寄宿舎、2階建て特別教室、家庭科教室竣工	自衛隊発足	総社市、高梁市、新見市誕生／旭川ダム完成
1955（昭和30）	バドミントン部全国優勝	社会党統一、自由民主党結成、55年体制始まる	国立療養所長島愛生園に岡山県立邑久高校新良田教室開校
1956（昭和31）	創立70周年	国連加盟／日ソ国交回復	2000年前のハスが後楽園の草葉池で咲く

創部5年で全国優勝を成し遂げたバドミントン部（1955年）

1955（昭和30）年、全日本大会、全国高校大会、国民大会で優勝した。バドミントン部は1950（昭和25）年に創部した。当初は練習場がなく苦労したが、淑徳館の完成により水を得た魚のように練習に打ち込んだ。その後、バドミントン部は何度も全国優勝を勝ち取り、全国的に一目置かれる存在となった。

洋裁学校の入った門標

敗戦後の社会風潮のひとつにドレメ文化があった。洋裁を中心に華道、茶道、英会話などを学ぶ洋裁学校が各地に誕生した。従来からの専攻科は1950（昭和25）年、「山陽女子洋裁学校」として発展的解消をした。しかし生徒は思うように集まらず、設立からわずか3年で廃止となった。

本格講堂である「淑徳館」を名付けた、天野貞祐文部大臣と上代淑校長（1952年）

1952（昭和27）年、講堂兼体育館が完成した。天野貞祐文部大臣によって「淑徳館」と命名された。淑徳館は当時、岡山市における戦後最大の建物で様々な催しに使用された。なかでも旧岡山藩主池田隆政氏と昭和天皇第四皇女厚子さまとの婚礼祝賀会の会場となり、おおいに注目された。

中学臨海学校（1953年）

夏休みに入るとすぐに中学生は瀬戸内海、香川県本島で臨海学校が開かれた。当時の瀬戸内海は水が非常にきれいであった。本島には当時、臨海学校場があり、岡山県の小中学生が多く訪れた。

学校法人理事長

1951.4 初代
赤澤乾一

1951.7 第2代
星島義兵衛

1956年　創立70周年そのとき

創立70周年の記念行事として、10月18日に行われた記念式典のほか、加納純子（ソプラノ）と上代知夫（ピアノ）を招いての記念音楽会や、「社会生活の展望」という演題で元文部大臣の前田多門による記念講演会が行われた。記念事業として図書館を建設（1957年竣工）し、『山陽学園70年史』を刊行した。

『山陽学園70年史』

1957–1966

　創立80周年を迎え、戦後復興でもっとも勢いのあった10年間である。図書館をはじめとする鉄筋コンクリートの校舎が次々と建ち、運動部の全国優勝や水泳木原光知子のオリンピック出場といった晴れやかなニュースが学園を駆け巡っていた。一方、1959（昭和34）年、70年にわたって学園にすべてを捧げた上代淑校長が昇天した。上代淑の後をうけたすべての学園関係者はますますの隆盛を誓い、そして上代淑校長の願いでもあった短大設立の準備も始まった。

創立70周年記念図書館
1957（昭和32）年、生徒の知識向上に役立つようにと図書館を建設した。新築当時、蔵書は8,000冊で閲覧室や書庫の他に視聴覚教室や集会室を備え、学校図書館法の基準を上回る近代的な施設だった。蔵書は年々増え、1985（昭和60）年度末には40,000冊を所蔵した。

年	学園の歴史	世の中の動き	岡山の動き
1957（昭和32）	創立70周年記念図書館竣工／寄宿舎増築	ソ連、人工衛星打ち上げ成功	県庁舎新築完成／岡山産業文化博覧会開催
1958（昭和33）	生徒食堂竣工	1万円札発行	三蟠の県営競馬場廃止
1959（昭和34）	鉄筋コンクリート2階建て西校舎竣工／上代淑校長逝去／岡山市・山陽学園合同葬	伊勢湾台風（死者5,041人、被害家屋57万戸）	岡山駅地下商店街が店開き
1960（昭和35）	硬式庭球部、全国高校選手権大会初優勝	日米新安全保障条約調印／新安保反対闘争／国民所得倍増計画	浅口郡鴨方町（現浅口市）に岡山天体物理観測所完成
1961（昭和36）	火災により中舎焼失／鉄筋4階建て本館落成	農業基本法成立	三木行治知事、岡山県南百万都市建設計画を発表
1962（昭和37）	体操部、全国高校選手権大会初優勝／岡山国体でも優勝	キューバ危機	赤穂線全線開通／西大寺鉄道廃業／岡山空港開港／第17回国民体育大会秋季大会開催
1964（昭和39）	水泳の木原光知子、オリンピック東京大会に出場	東京－新大阪間に新幹線開通／東京オリンピック	県知事選で加藤武徳が当選
1966（昭和41）	高校に音楽科設置／創立80周年記念東館・中央館完成／短大設立準備委員会設置	ビートルズ、日本武道館で公演／総人口1億人突破	岡山県公害防止条例公布／岡山城天守閣再建

全国大会で優勝した体操部の岡弘子
1952(昭和27)年に創設された体操部は、少しずつ岡山県下で頭角を現しはじめ、やがて中国地区、全国大会での上位に入賞するほどの実力をつけた。そして1962(昭和37)年、全国高校大会、岡山で行われた国民体育大会で優勝の栄冠を勝ち取った。

校舎の鉄筋コンクリート化が進む(1961年)
奥は1959(昭和34)年完成の西館、右は1961(昭和36)年完成の本館。本館は完成当初、西側は3階建て構造で、後に音楽科教室を4階に増築した。

東京オリンピックに出場した木原光知子
1964(昭和39)年に開催された東京オリンピックに、当時高校1年生であった木原光知子が水泳競技に出場した。木原の活躍により山陽女子での水泳熱が高まり、寄宿舎西隣にあった岡山市所有のプールを買収して改装した。

岡山市名誉市民に推戴された上代淑校長
1958(昭和33)年、87歳の上代淑校長は長年にわたる女子教育に対する功績が認められ、「岡山市名誉市民」第1号に選ばれた。岡山市民会館ホールには岡山市より贈られた肖像画が飾られている。

中高校長

1960 第7代
星島義兵衛
(理事長兼任)

1965 第8代
上代晧三

1966年 創立80周年そのとき

創立80周年記念式典は、中央館・東館新校舎落成式を兼ねて行った。記念講演会はノートルダム清心女子大学学長の渡辺和子により、記念音楽会は加納純子(ソプラノ)、秋吉章子(ピアノ)、伊達富子(バイオリン)、藤田恒子(ソプラノ)、上代知夫(ピアノ伴奏)により行われた。また『山陽学園小史 八十年のあゆみ』という小冊子を刊行した。

80周年記念で建設した中央館に上代淑ゆかりの品を納めた部屋を整備した。

1967–1976

　1969（昭和44）年、岡山市平井の地に短期大学が開学した。その後5年のうちに家政学科家政学専攻、食物栄養学専攻、幼児教育学科と附属幼稚園を整備し、山陽学園は幼稚園から中学、高校、短大を擁する総合学園となった。中学・高校では最後の木造校舎が鉄筋コンクリートに改築され、上代淑校長の悲願であった不燃化が実現した。1976（昭和51）年に迎えた創立90周年の記念式典を、やがて迎える100周年を見据えて上代晧三短大学長兼中高校長の強い意気込みの中、盛大に挙行した。

山陽学園短期大学校舎（1969年）
短期大学は開学当初校舎1棟からスタートした。

年	学園の歴史	世の中の動き	岡山の動き
1969（昭和44）	山陽学園短期大学（家政科）開学／放送部、NHK杯全国高校放送コンクール文部大臣賞	アメリカ、アポロ11号月面着陸	岡山市に西大寺市編入合併
1970（昭和45）	短大家政科を家政学科家政学専攻と家政学科食物栄養学専攻に分離	核兵器拡散防止条約参加／大阪で万国博覧会開催	岡山県消費生活センター開設／本四連絡橋公団発足
1971（昭和46）	短大に専攻科家政学専攻を設置	環境庁発足	岡山県立博物館開館／岡山県自然保護条例制定
1972（昭和47）	短大に幼児教育学科および専攻科食物栄養学専攻を設置／卓球部、全国高校卓球選手権優勝／中高創立85周年記念体育館落成	沖縄本土復帰／札幌冬季オリンピック	山陽新幹線、新大阪から岡山まで開通／県知事選で長野士郎が当選
1974（昭和49）	短大に附属幼稚園開設／中高鉄筋3階建ての南館完成	連続企業爆破事件起こる	水島石油コンビナートにおいて重油流出事故発生
1975（昭和50）	短大に専攻科幼児教育学専攻開設	沖縄海洋博開催	山陽新幹線、岡山―博多間開通／中国縦貫自動車道、吹田―落合間が開通
1976（昭和51）	短大に図書館完成／高校錬成会発足	ロッキード事件	第1回岡山桃太郎まつり開催

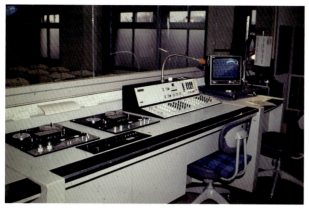

新築した南館のLL教室（1973年）

1974（昭和49）年、中学高校最後の木造校舎であった南館を鉄筋校舎に改築した。その中で、年々盛んになる英語教育の充実のため、56ブースを備えた語学演習のためのLL（Language Laboratory）教室を設置した。LL教室はその後2001（平成13）年に40台のパソコンを有するCALL教室に改装した。

天満屋葦川会館で行った創立90周年回顧展

1976（昭和51）年10月、創立90周年記念式典を盛大に開催した。時を同じくして、天満屋葦川会館では「創立90周年記念山陽学園回顧展」を開催した。創立からの多数の写真パネル、資料、運動部の優勝旗、歴代制服のレプリカを展示し、卒業生や関係者を中心に多くの来場者で賑わった。

短大食物栄養学専攻の授業

家政科から出発した短期大学は、1970（昭和45）年、家政学専攻と食物栄養学専攻に分離した。併せて専用の食物栄養棟も完成した。また開設当初から、専任の教員のもとで学生が設定されたテーマに従い演習を行う少人数制の授業を行っていた。

短大グラウンドで行った中学高校の体育祭（1975年）

1972（昭和47）年から、南館建設に伴う木造校舎の移転、新体育館建設工事などにより運動場が使用できず、体育祭は短大のグラウンドで開催した。工事が終わった後も数年間は短大のグラウンドを使用した。

1976年　創立90周年そのとき

記念式典では来賓として同志社大学教授のオーチス・ケリー（創立功労者の孫）と、1934年から続く制服をデザインした元教師の立岩孝代が紹介された。記念講演は、80周年に続き、渡辺和子によって行われた。記念刊行物として『山陽学園九十年史』、写真中心の小冊子『山陽学園―九十年の回顧』を刊行した。

創立90年を記念して刊行した『山陽学園九十年史』（下）と『山陽学園―九十年の回顧』（上）

学校法人理事長	短大学長

1968　第3代 岡崎林平	1969　初代 上代晧三 （1979年まで中高校長兼任） （1979年から学園長兼任）

第1部　山陽学園130年の歴史

1977–1986

　1970年代になり女子の大学進学熱も高まり、多くの高校で受験指導の比重が高まってきた。山陽女子高校でもその実状に合わせ、コース制クラス編成やグレード別授業の実施などで対応した。一方、茶道を中心とした礼法教育を道徳教育に位置付け充実させた。1986（昭和61）年、創立100周年記念式典は、関係者約4,250人を迎え山陽女子高校新体育館を主会場に開催した。体育館には収容しきれず4つの補助会場に仮設ケーブルで映像音声を同時配信した。創立100年を目前にして逝去した上代晧三学園長の描いていた学園像は確実に形となっていった。

創立100周年記念式典
巽盛三理事長は式辞の中で、先人たちの労苦と業績に感謝するとともに、「愛と奉仕」の教育理念を堅持しながら、地域社会に根ざし、国際化に向かって門戸を開いた活気ある学園をつくりあげてゆく決意を述べた。

年	学園の歴史	世の中の動き	岡山の動き
1977（昭和52）	硬式庭球部が全国中学生大会で優勝	巨人王貞治、ホームラン世界記録更新	岡山ブルーハイウェイ（現岡山ブルーライン）開通
1978（昭和53）	中高鉄筋3階建ての寄宿舎完成／高校普通科に国公立大学志望者向けの「2コース」設置	日中平和友好条約調印	瀬戸大橋着工
1979（昭和54）	書道部、全国学生比叡山競書大会で伝教大師賞受賞	第2次石油危機／ソ連、アフガニスタンに軍事介入	岡山市立オリエント美術館開館
1982（昭和57）	高校普通科に有名私立大学志望者向けの「3コース」設置／短大に学生寮完成	500円硬貨発行	岡山市南区浦安に岡山市総合文化体育館開館
1984（昭和59）	上代晧三学長・学園長逝去	グリコ森永事件	岡山臨港鉄道廃止
1986（昭和61）	上代淑記念館竣工	チェルノブイリ原発事故	岡山県総合流通センター早島地区分譲開始

上代淑記念館

1986(昭和61)年、レンガ造チャペル風の上代淑記念館を建設した。鉄筋構造2階建て、面積1022.8㎡で、1階に約120㎡の和室である礼法室、会議室、2階には上代淑ゆかりの品々を集めた上代淑記念室、500人収容のホールを設けた。「創立100周年記念山陽学園回顧展」は新築の上代淑記念館で開催した。

校外清掃の様子(1984年)。

学校法人理事長　短大学長

1981　第4代
巽盛三

1985　第2代
福田稔
(1994年から大学学長兼任)

中高校長

1979　第9代
杉本勝

1983　第10代
河本泰輔

短大幼児教育学科学生による附属幼稚園実習

1972(昭和47)年、短期大学に幼児教育学科を設置した。1974(昭和49)年には学生が教育実習を行う場として附属幼稚園を開設した。多くの学生は2年間の専門教育を受けて身につけた知識と実技をもとに、幼稚園教諭、保育士などの専門職に就職した。

グラウンドで行われていた「きざはしの式」

1905(明治38)年、校舎の玄関前の石段を使って卒業していく最上級生が、その責任と義務を担って踏んできた階段を次の最上級生に譲るという儀式「きざはしの式」が始まった。その後、生徒数が増加し、戦後にはグラウンドを使って行うようになった。なお、2015(平成27)年から再び階段を使って「きざはしの式」を行っている。

1986年　創立100周年そのとき

創立100周年を記念し、著名な作家である遠藤周作や卒業生の木原光知子講演会など、一般向けにも様々な行事を企画した。特筆すべきは5月に岡山市民会館で行った記念音楽会である。当時、絶大な人気を誇っていたハンガリー出身の世界的ピアニスト、デジュー・ラーンキを迎え、満員の会場を美しい音色で包んだ。

1987−1996

1980年代後半、「国際化・情報化時代の到来」という言葉が盛んに叫ばれた。山陽学園でも新時代への対応を行った。中学から短大まで海外研修プログラムを実施し、1988（昭和63）年には短大に英語教育を充実させた国際教養学科を開設、1994（平成6）年には4年制大学である山陽学園大学（国際文化学部）が開学した。情報教育では高校に1987（昭和62）年からパソコンを導入し、授業やクラブ活動で活用した。めまぐるしく変化する時代に対応した創立110年の山陽学園の姿がここにあった。

山陽学園大学開学
1994(平成6)年、学園にとっての念願の4年制大学が開学した。日本文化および異文化に対する高度な知識を習得し豊かな国際感覚と英語力を鍛え、国際化社会に対応する女性の養成を目的とした国際文化学部を設置した。国際文化学部にはコミュニケーション学科と比較文化学科を置いた。

年	学園の歴史	世の中の動き	岡山の動き
1987（昭和62）	1982年から高校1年次で行われていた茶道教育を高校全学年に拡充し実施	国鉄分割民営化	第1回倉敷音楽祭、津山国際音楽祭開催
1988（昭和63）	短大に国際教養学科を設置／短大が、デアンザ・カレッジと姉妹大学協定を締結	リクルート事件	新岡山空港開港／岡山県立美術館開館／瀬戸大橋開通／邑久長島大橋開通
1989（平成1）	短大に学生会館完成／中高小体育館（体操部練習場）完成	昭和天皇崩御、平成に改元／消費税3％導入	第13回全国高等学校総合文化祭開催される
1991（平成3）	短大家政学科食物栄養学専攻を食物栄養学科に改組、家政学科を生活学科に名称変更し、生活学科に生活学専攻・生活造形専攻の2専攻を置く／短大に専攻科国際教養学専攻を設置／中高の制服に合服を導入、夏服改定	湾岸戦争／ソ連崩壊	岡山県総合流通センターにコンベックス岡山竣工／笠岡湾干拓地に全国初の農道離着陸場（農道空港）完成
1993（平成5）	高校普通科に国際文化コース設置／中高のほぼ全館に空調設備を設置／放送部NHK杯全国高校放送コンテスト文部大臣賞	非自民8党派による細川内閣成立、55年体制の終焉／EU発足	岡山県立大学開学／山陽自動車道県内全線開通
1994（平成6）	山陽学園大学（国際文化学部）開学／オーストラリア、アデレードへの中学生海外研修開始／南オーストラリア州アデレードのセント・ピーターズ女学院と姉妹校提携成立	自社さきがけ連立内閣成立	「県民の鳥」がホトトギスからキジに変更
1995（平成7）	高校国際文化コースがロンドンでの約1ヵ月の海外研修開始／中高創立110周年記念図書館兼記念体育館アリーナ竣工、淑徳館と命名	阪神・淡路大震災／地下鉄サリン事件	岡山リサーチパークで「テクノサポート岡山」開業
1996（平成8）	冬服手直しなど制服改定／短大専攻科家政学専攻を生活学・生活造形専攻に名称変更　短大国際教養学科廃止／ブラッドフォード大学と姉妹大学協定を締結	らい予防法廃止	岡山市、中核市となる／県知事選で石井正弘が当選

みさお会(生徒会)選挙立会演説会の様子(1988年)
毎年6月に生徒会長やその他の役員を選ぶ。選挙前に体育館では立会演説会が開かれる。両脇の2人が応援演説を行った後、演壇中央の立候補者が立候補表明演説をする。

ZUCCaブランドに一新された夏服のデザイン
1991(平成3)年、ファッションデザイナー小野塚秋良による「ZUCCa」ブランドの夏服が登場した。水色のストライプ柄は軽快な印象を与え、人気の制服となった。半袖の夏服の他、長袖の合服もあった。合わせてワンピースの冬服も「ZUCCa」による現代的なアレンジが加えられた。

充実する茶道礼法教育
1982(昭和57)年度から高校1年で始まった茶道の授業は、1987(昭和62)年から中学・高校全クラスで実施している。

中学・高校の新しい図書館
1996(平成8)年に完成した図書館。約7万冊の資料を所蔵し、県内最大級の規模。4日にわたる全校"バケツリレー"で旧図書館から蔵書を移動させた。

学園長

1996
上代淑人

学校法人理事長

1990 第5代
川上亀義

中高校長

1992 第11代
西本達二

1996年 創立110周年そのとき

創立110周年を記念し、門田屋敷と平井のキャンパスにそれぞれ象徴的な施設を建設した。中学高校には、1952年竣工の淑徳館を建て直し、図書館兼体育館アリーナの新淑徳館となった。大学短大には学生食堂や多目的ホールを擁する「DOMUS AMICITIAE」(友愛の館)を竣工した。

『山陽学園創立110周年記念写真集』

1997–2006

21世紀を迎え、少子化の時代となり、中学・高校の学生数の減少が深刻となってきた。その流れは数年のタイムラグを経て大学・短大にも及び、学園改革の必要性に迫られた。高校では2001（平成13）年コース制の大幅な変更を行った。短大・大学では学部学科の改組を頻繁に行い、困難な時代を切り抜けようと試行錯誤した。また、地域との繋がりを重視し始めたのもこの頃からで、2006（平成18）年の創立120周年記念行事のひとつとして「空中美術館」「制服ファッションショー」を表町栄町商店街と共催で行った。

全校一斉「朝の10分間読書」
1998（平成10）年、全校一斉に「朝の10分間読書」が始まった。授業開始前の10分間、「みんなでやる　毎日やる　好きな本でよい　ただ読むだけ」の原則のもと、生徒も教員も全員読書をする活動の定着は全国的に注目され、2000（平成12）年、文部省から「読書活動優秀実践校」の表彰を受けた。

年	学園の歴史	世の中の動き	岡山の動き
1997（平成9）	イギリスのプレスデールズ・スクールとの姉妹校縁組成立	消費税5％に増税	倉敷チボリ公園開園
1998（平成10）	全校一斉「朝の10分間読書」開始／ワイカト大学、モントレー大学院大学、ケント大学と姉妹大学協定締結／テニス部全国中学校テニス大会ダブルス優勝	長野冬季オリンピック開幕	岡山大学で日本初の生体部分肺移植成功
1999（平成11）	マウント・ホリヨーク大学と姉妹大学協定締結／短大生活学科生活学専攻、生活造形学専攻を人間文化学科、生活デザイン学科の2学科に分離改組	日米新ガイドライン法成立／東海村JCO臨界事故発生	井原線開業／岡山県農業総合センター開設
2000（平成12）	文部省から「読書活動優秀実績校」の表彰受ける／卓球部全国中学校選抜卓球大会で団体優勝	ミレニアム／九州・沖縄サミット開幕	岡山後楽園築庭300年で多くのイベント開催される
2001（平成13）	高校普通科を特別進学コース、総合進学コース、国際文化コースに再編成、音楽科に器楽専攻と音楽専攻を新設	アメリカ同時多発テロ	瀬戸内ハンセン病訴訟和解
2002（平成14）	国際文化コースの生徒全員を会員に山陽女子高等学校インターアクトクラブ発足／体操部全国中学校総体・跳馬で優勝	学校完全週5日制の「ゆとり教育」スタート	新見市で全国初の電子投票実施
2003（平成15）	大学国際文化学部をコミュニケーション学部に名称変更、短大生活デザイン学科をキャリアデザイン学科に名称変更／体操部全国中学校総体・跳馬で連続優勝	個人情報保護法成立／イラク戦争勃発	構造改革特区として福祉移送特区を認定される
2004（平成16）	卓球部が全国中学校選抜大会で団体優勝／体操部が全国中学校総体・ゆかで優勝	スマトラ沖地震発生	市町村合併により吉備中央町、瀬戸内市誕生
2005（平成17）	短大人間文化学科を廃止／高校国際文化コースをアクティブイングリッシュコースと改称／体操部中学校総体・ゆかで連続優勝／短大専攻科生活学・生活造形専攻および食物栄養学専攻を廃止	温室効果ガスの削減を決めた京都議定書採択	第60回国民体育大会開催／第5回全国障害者スポーツ大会開催
2006（平成18）	高校音楽科にピアノ演奏家専攻を新設	教育基本法改正	金光町、鴨方町、寄島町が合併し浅口市誕生

国際交流が盛んになる
1994（平成6）年に姉妹校提携を結んだ南オーストラリア州アデレードのセント・ピーターズ女学院との交流を盛んに行った。

「日本芸能論」開講
山陽学園大学国際文化学部比較文化学科の「日本芸能論」の授業では、和泉元彌をはじめとする和泉流の狂言師3人が担当した。この授業は市民にも開放し、岡山における古典芸能の普及に貢献した。

1998（平成10）年から2007（平成19）年まで文化祭で高校3年生が巨大ちぎり絵を製作した。2003年のモチーフは永田萌の「ひまわりと夏の精」である。

岡山県で行われた全国障害者スポーツ大会で総合開会式司会を務めた放送部。

学校法人理事長

1997　第6代　守分勉　　1999　第7代　福田稔　　2003　第8代　梶谷陽一（2008年から中高校長兼任）

大学短大学長

1999　第3代　秋山和夫　　2001　第4代　大黒トシ子

中高校長

1997　第12代　馬場克彦　　2003　第13代　海本博允　　2006　第14代　大杉猛

2006年 創立120周年そのとき

創立記念行事のひとつとして、国立ハンセン病療養施設長島愛生園に2本のオリーブの木を植樹した。植樹式には、理事長や教職員、生徒、学生約100人が参加し盛大に行った。長島愛生園で創立記念行事を行うのは1936年の創立50周年以来70年ぶりのことであった。

山陽学園とゆかり深い長島愛生園にオリーブの木2本を植樹した。

2007-2016

　創立120年の頃よりの学園改革は引き続き行われ、大学に看護学部の開設、大学・短大の男女共学化、そして中学・高校の制服の全面リニューアルなどを実施した。

　2014（平成26）年には中学・高校に待望の新校舎が完成、そして同年、卒業生原田マハ原作『でーれーガールズ』の映画化が決定し、校内で大規模な撮影が行われた。1886（明治19）年から130年、古き伝統を活かしながら新しい時代の教育を追い求める山陽学園はこれからますます充実していかなければならない。

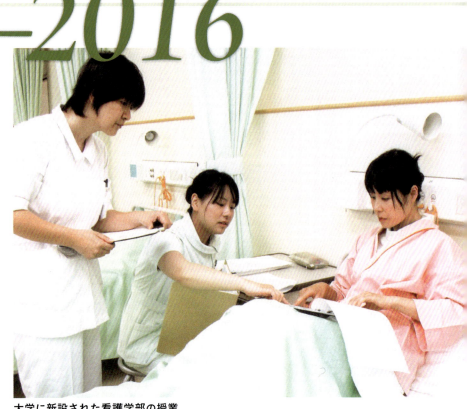

大学に新設された看護学部の授業
2009（平成21）年、大学・短大すべての学科を男女共学化し、看護学部看護学科を新たに開設した。

年	学園の歴史	世の中の動き	岡山の動き
2007（平成19）	木原光知子理事逝去	新潟県中越沖地震発生／柏崎刈羽原発停止	建部町、瀬戸町が岡山市に編入される／岡山県内の市町村数27となる
2008（平成20）	高校音楽科にミュージカルコース新設／体操部が全国高校総体で団体総合優勝	北海道洞爺湖サミット開催	岡山県財政危機宣言発表／倉敷チボリ公園閉園
2009（平成21）	大学に看護学部新設／短大・大学、男女共学に／コミュニケーション学部を総合人間学部（生活心理学科／言語文化学科）へと改組／中学・高校制服改定／中学総合コース・特別進学コース新設／高校スーパー特別進学コース新設／第3回髙橋松之助記念「朝の読書大賞」受賞	衆議院選挙で民主党圧倒的多数に／政権交代	第26回全国都市緑化おかやまフェア開催／岡山市が政令指定都市に移行
2011（平成23）	高校音楽科を普通科Musicコースに改組／上代淑人学園長逝去	東日本大震災発生／福島第1原子力発電所事故	第3次おかやま夢づくりプランを策定
2012（平成24）	高校普通科特別進学コース・アクティブイングリッシュコース募集停止、エクセルコース新設	東京スカイツリー竣工	任期満了に伴う県知事選挙が行われ、伊原木隆太が初当選
2013（平成25）	大学院・看護学研究科／看護学専攻（修士課程）を開設する／中学・高校地歴部「2013ストックホルム青少年水大賞」グランプリ受賞	アルジェリア人質事件発生	「晴れの国おかやま生き活きプラン」を策定
2014（平成26）	中高新校舎竣工／卒業生原田マハ原作『でーれーガールズ』映画化、校内ロケ行われる／学校図書館賞奨励賞受賞	タイ軍事クーデター発生／消費税8％	「ESDに関するユネスコ世界会議」が岡山市、名古屋市で開催
2016（平成28）	ソフトテニス部が全国中学校体育大会で個人・団体優勝	熊本地震発生／18歳選挙を初めて実施	岡山県を主会場に中国インターハイ開催

2014年8月に竣工した新校舎を中心に広々とした空間は学園の新しい象徴となった。

音楽科に新設されたミュージカルコース

2008（平成20）年に5人の生徒でスタートした音楽科ミュージカルコースは、その後、ミュージカル専攻となり、2011（平成23）年、普通科Musicコースミュージカル専攻となった後、20人を超える大所帯となった。年1回の定期演奏会の他、多くのステージで活躍している。この専攻から宝塚歌劇団や劇団四季などで活躍する人もいる。

2009年に改定された新制服（左）。数年間は在校生の着る旧制服と混在する光景が見られた。

映画「でーれーガールズ」に出演した生徒エキストラ

2014（平成26）年、卒業生の作家、原田マハによる、1980年代の岡山、そして山陽女子高校を舞台とした小説『でーれーガールズ』が映画化された。映画はオール岡山ロケで行われ、学校のシーンは全て本校で撮影され、生徒や教職員約200人がエキストラで参加した。映画は翌年公開され、ヒット作品となった。

学校法人理事長　**大学・短大学長**

2011　第9代　渡邊雅浩　　2007　第5代　赤木忠厚　　2013　第6代　實成文彦

大学・短大学長　**中高校長**

2016　第7代　齊藤育子　　2008.8　第16代　熊城逸子　　2015　第17代　塩山啓子

2016年　創立130周年そのとき

創立130周年より2年前の2014年、130周年記念事業として中学高校に新校舎を建設した。新校舎の大きな特徴はエントランスの大階段。この大階段は、本来階段で行うべきでありながら適切な設備がなくグラウンドで行わざるを得なかった「きざはしの式」を正式な形で実施するために作られた。翌2015年には伝統の形式が復活し、創立130周年を目前に控えるにふさわしい厳粛さであった。

新校舎の大階段で行われた「きざはしの式」

第1部　山陽学園130年の歴史

近年の活動

海底ごみの回収と啓発

地歴部では2008年から瀬戸内海の海底ごみ問題の解決に向けて、堆積する海底ごみを回収する活動と、原因となる生活圏での生活ごみ抑制の啓発活動に取り組んでいる。海底ごみ問題は国内だけでは解決しないため、海外での啓発活動も積極的に行っている。

歌会始の儀 入選

御題「本」の2015年、応募数20,861首の中から本校生徒の中川真望子が詠進歌十首に選ばれた。本校で行った記者会見で中川は「短歌を詠んだことはほとんどなく、授業で応募したのでまだ信じられない」と語った。歌会始では厳かな雰囲気に包まれる中、歌が詠み上げられた。

暑い夏坂を下ればあの本のあの子みたいに君はゐるのか

オリーブグリーン賞

卒業後に活躍し本学に貢献したとして作家の原田マハと世界卓球で団体2位の田代早紀に「オリーブグリーン賞」を贈呈、2014年の創立記念式典では2人を招いて授与式を行った。

本校をモデルに小説『でーれーガールズ』を描いた原田マハ

記念品として楯を贈呈した。この楯は上代淑記念館とオリーブをモチーフにしている。

第2部

山陽学園テーマ史

校舎の記録 （山陽英和女学校→山陽女学校→山陽高等女学校→山陽女子中学校・高等学校）

徳吉町 1888-1945

徳吉町の校地は57年間親しまれたが、1945年6月の岡山空襲ですべてを失った。

本館（初代）
木造2階建て　1888-1945

開校当初、現在の中山下にあった仮の校地から徳吉町に移転した際初めて建築した校舎。愛媛のクリスチャン棟梁、吉田伊平が請け負う。1階に普通教室、2階は講堂を配置。後に理科室・裁縫場を増築した。

紫明寮
木造2階建て　1888-1936

18室の寄宿舎。吉田伊平が建築を請け負う。1936年、専攻科校舎建築のため解体した。

集成館
木造平屋　1902-1924

応接室、生徒控室、雑誌縦覧所と弾箏、挿花、点茶のための部屋の4室で構成される。前年行った女学奨励大音楽会の収入と有志の寄付金で建てた。

校舎
木造2階建て　1905-1945

普通教室8室に加え、雨天体操場を備えた。設計は岡山県建築技師の江川三郎八。筋交い状のハーフティンバーにその特徴が見られる。

済美寮・精華寮
木造2階建て　1911-1945

運動場隣接地を買収し、新たに建築した寄宿舎。西棟を済美寮、東棟を精華寮と命名した。1911年当時、寄宿舎生は150人で5人の舎監がその指導にあたった。

同窓会館
木造2階建て　1914-1945

割烹、裁縫、作法の教室を有する建物が同窓生の寄付によって建てられた。

30周年記念教室
木造2階建て　1917-1945

家事、音楽の教室を有する校舎を、卒業生の山本多喜が寄付。30周年記念教室と命名。山本多喜の夫は第1次世界大戦時の「船成金」で知られる山本唯三郎。

ライト式校舎
木造2階建て　1924-1945

普通教室7室、図画教室1室を有する。フランク・ロイド・ライトの弟子である遠藤新による「ライト式」デザインの校舎。隣接する同窓会館と30周年記念教室をつなぐベランダを設置した。

図書室
木造2階建て　1928-1945

1階に売店と休養室、2階に図書室を備えた建物。御大礼記念図書室と命名した。

体育館
木造　1932-1945

精華寮を北に移して、その跡地に120坪の体育館を新築した。

専攻科校舎
木造2階建て　1936-1945

創立50周年事業の一環として、専攻科の独立校舎14室を建築した。木造であるが、モルタル仕上げのファサードはモダンな印象を与える。

門田屋敷
1947-現在

戦後、鐘紡岡山絹糸工場跡地に移転した学園は復興をとげ、創立130年を経て新たな時代へと向かっていく。

本館（2代目）
木造平屋　1947-1978

門田屋敷移転後最初の校舎。礼拝堂風の正面玄関が印象的である。1961年の鉄筋校舎建築後、グラウンド南側に移設し、レッスン室、寄宿舎、臨時教室などに使用した後、1978年に解体した。

中舎
木造平屋　1947-1961

本館（2代目）と同時期に建築した。1961年、火災のため焼失。

南舎
木造2階建て　1949-1973

1954年、図画、被服、理科室を増築。最後の木造校舎として1973年まで使用した。

淑徳館（初代）
木造　1952-1995

講堂兼体育館。当時の天野貞佑文部大臣によって淑徳館と命名される。竣工した年、池田隆政と厚子内親王の婚礼を祝う「県民祝賀会」が開催された。

寄宿舎
木造2階建て　1954-1978

それまで、旧紡績工場の古い木造建築を寄宿舎として使っていたが、建物の老朽化のために敷地南に2階建ての寄宿舎を新築した。1957年、寄宿舎生増加のため増築した。

図書館
鉄筋コンクリート　1957-第二南館として現存

創立70周年記念事業の一環で小林陽太郎の設計により建築した。図書館と視聴覚教室を有する。1996年～1997年にかけて普通教室に改装した。

旧上代邸
木造平屋　1958-現存

遠藤新設計の上代淑邸の老朽化と高齢化した校長の通勤の便を考え、校内に校長邸を新築した。1973年、礼法教室に改装した。

西館
鉄筋コンクリート2階建て　1959-現存

1階を化学教室、物理教室、2階を合併教室、普通教室として建築した。2階は1974年にピアノレッスン室に改築した。

本館（3代目）
鉄筋コンクリート4階建て　1961-2014

総工費1億円。建築当初は一部3階建てであったが、後に増築される。2014年まで本館として53年間、学校の顔としての役割を果たした。

中央館
鉄筋コンクリート2階建て　1966-2013

1階に売店、保健室、用務員室、2階に生徒集会室、放送室と上代淑記念室を備えた。建築当初「記念館」と呼ばれていた。2013年、新校舎建築に伴い解体した。

東館
鉄筋コンクリート3階建て　1966-現存

創立80周年記念事業の一環で中央館と共に建築した。生徒食堂、合併教室、家庭科特別教室を備えた。家庭科教室の一部は2002年に情報教室に改装した。

体育館（2代目）
鉄骨　1972-現存

創立85周年記念事業の一環で総工費7000万円で建築した。体育館建築に伴い、従来の淑徳館は旧体育館と呼ばれるようになった。

南館
鉄筋コンクリート3階建て　1974-現存

普通教室の他、社会科、LL、生物、美術、物理教室を備える。2013年から2014年にかけて、一部を売店とラウンジ、音楽教室、ミュージカルスタジオに改装した。

白ゆり寮
鉄筋コンクリート3階建て　1978-現存

総工費2億2000万円をかけて、85人を収容する20室と5室の予備室を備えた。2009年度から「白ゆり寮」の愛称がついた。

上代淑記念館
鉄筋コンクリート　1986-現存

創立100周年記念事業の一環で建築。1階に礼法教室、会議室、2階にホール、上代淑記念館を備える。赤レンガ教会風の外観は校内の良きアクセントとなっている。

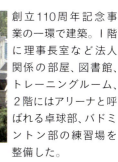

淑徳館（2代目）
鉄筋コンクリート　1996-現存

創立110周年記念事業の一環で建築。1階に理事長室など法人関係の部屋、図書館、トレーニングルーム、2階にはアリーナと呼ばれる卓球部、バドミントン部の練習場を整備した。

同窓会館
鉄筋コンクリート2階建て　1997-現存

同窓生の寄付で建築。会議室、和室、サロンなどを備える。同窓生の親睦をはかる活動を行っている。

本館（4代目）
鉄筋コンクリート3階建て　2014-現存

創立130周年記念事業の一環で建築。ガラス張りの教室、4階まで吹き抜けのアトリウム、2階に至る大階段など随所に斬新なデザインを採用した。

コラム　建築家遠藤新と山陽高等女学校

―上代淑邸と校舎に見る「ライト式」デザイン―

1925（大正14）年3月、山陽高等女学校に今までの校舎と一風変わったデザインの校舎が竣工した。この校舎を設計したのは、遠藤新（1889-1951）。遠藤は、アメリカの著名な建築家であるフランク・ロイド・ライトの弟子として、東京日比谷の帝国ホテルや自由学園校舎の建設に携わっている。

なぜ遠藤新が岡山の山陽高等女学校の校舎を設計したのか？校舎竣工の2年前の1923（大正12）年、上代淑校長邸を設計している。

それまで上代淑校長は自宅を持たず、学校の寄宿舎に住んでいた。そこで同窓生が中心となり、寄付金を集め、家を寄贈することになった。校長邸は、岡山財界の重鎮、星島義兵衛（1885-1968）（戦後、学校法人山陽学園理事長）が土地を提供し、校長と親交の深かった義兵衛の弟、星島二郎（1887-1980）（衆議院議員、戦後衆議院議長）の紹介で、遠藤新が担当することになった。その際、上代淑校長邸と隣接した星島義兵衛の別邸も同時に設計している。

直線的なデザインが印象的な遠藤新の作品である校舎と上代淑校長邸は人々の目をひく存在であった。

現在、遠藤新がデザインした校舎は現存しないが、その名残が学園に保存されている。遠藤は建築時に建物と一体化したデザインの家具など調度品も製作することが多く、上代淑邸のときもそうであった。現在、上代淑記念館の上代淑記念室には、遠藤新がデザインしたテーブルが陳列台として使用されている。どのようないきさつで上代邸から学園内に運ばれたかは不明であるが、遠藤新と山陽学園を繋ぐ証を今に遺す貴重なテーブルである。

遠藤新

竣工した上代淑邸

遠藤新がデザインしたテーブル

1961

1961年と2016年の山陽女子中学校・高等学校を北西上空から撮影した航空写真である。校舎の変化のみならず、学校周辺の景色の変化も興味深い。学校のある岡山市中区門田屋敷界隈は、1960年代も今と変わらず閑静な住宅地であった。中央の東西を走る道路は岡山牛窓線。岡山電気軌道の路面電車東山線が山陽女子生徒の通学の足となっている。1961年の写真には馬が引く荷車が確認できる。1961年の写真右下に見えるのは、後楽園より古い庭園といわれる東湖園。2013年末、惜しまれながらその姿を消した。

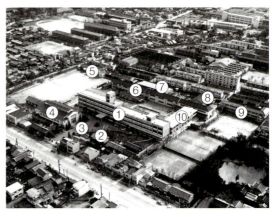

①本館（3代目）　⑥南舎
②旧上代淑邸　　⑦図書館
③同窓会館　　　⑧寄宿舎食堂
④淑徳館（初代）　⑨寄宿舎
⑤旧本館（2代目）　⑩西館

2016

①本館(4代目)　⑦東館
②上代淑記念館　⑧南館
③旧上代淑邸　⑨第2南館(旧図書館)
④淑徳館(2代目)　⑩同窓会館
⑤体育館　⑪白ゆり寮
⑥小体育館　⑫西館

第2部　山陽学園テーマ史

校舎の記録 （大学・短期大学・幼稚園）

1969-現在
岡山市中区平井にある校地は短大開設時は広大な丘陵地であったが、施設設備の充実と共に学びと研究の場にふさわしい落ち着いたキャンパスとなった。

A棟
鉄筋コンクリート4階建て　1969-現存

短大開学時に本部として使用した。現在は主に大学講義室、研究室となっている。

B棟
鉄筋コンクリート2階建て　1970-現存

短大食物栄養学科の講義、実験、実習棟として建てた。給食管理実習の設備も備える。1978年に増改築した。

F棟
鉄筋コンクリート2階建て　1971-現存

体育館と体育系教員の研究室として機能している。入学式や卒業式もここで行う。

C棟
鉄筋コンクリート3階建て　1972-現存

短大幼児教育学科の講義、実験、実習棟として建てた。1978年に音楽室、合同講義室、視聴覚教室を増築した。

附属幼稚園
鉄筋コンクリート2階建て　1974-現存

短大幼児教育学科附属の幼稚園であり、地域の幼児教育および学生の実習の場として使っている。

E棟
鉄筋コンクリート2階建て　1976-現存

学園創立90周年を記念して建てた図書館である。3階4階には大型の書庫を備え、15万冊の書籍を収蔵している。1993年に第2閲覧室、第2書庫を増設した。

学生ホール
鉄筋コンクリート平屋　1979-現存

学生食堂として建てたが、Domus Amicitiae建設に伴い、現在は多目的ホールとして使用している。

D棟
鉄筋コンクリート5階建て　1988-現存

短大国際教養学科開設時、新たに学長室など本部として建設した。大講義室やコンピュータルームなども備える。

学生会館
鉄筋コンクリート4階建て　1989-現存

売店、書店、学生ラウンジ、部室など学生の憩いの場として建てた。最上階には茶室や屋上庭園を備えている。

本館
鉄筋コンクリート7階建て　1994-現存

大学開学時に大学教育の中核として建てた。講義室、研究室が集中している。

Domus Amicitiae
鉄筋コンクリート3階建て　1996-現存

創立110周年を記念して建てた。学生食堂、多目的ホール、ピアノレッスン室を備えている。

G棟
鉄筋コンクリート4階建て　2008-現存

新設された看護学部棟として建てた。基礎、小児、母性、成年・老人、地域・精神・在宅看護の最新の設備の実習室を備えている。

1984

2016

1984年と2016年の航空写真を比較した。1984年は開学からわずか15年。短大と附属幼稚園のみであったが、現在では短大2学科、大学2学部、大学院、附属幼稚園を擁し、施設・設備も充実している。

制服スタイルブック

イラストと写真でたどる明治、大正、昭和、平成、制服の歴史

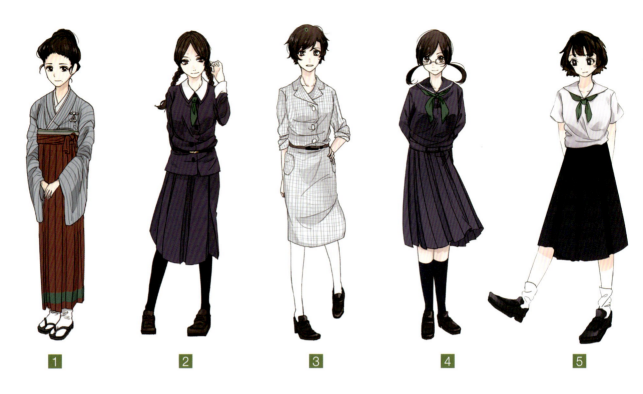

1. オリーブグリーンの筋がついた古代紫袴（1900年頃～1924）
2. 最初の洋服である紺サージのツーピースによる冬服（1924～1933）
3. ギンガムチェックワンピースによる夏服（1924～1933）
4. 紺色ワンピース（旧タイプ）（1934～1990）
5. 白ブラウスの夏服（1934～1990）
6. 戦中・終戦直後はモンペを着用した（1945～1946年頃）
7. ZUCCaブランドにより冬服が現代的にアレンジされた（1991～2008）
8. ZUCCaブランドによる個性的な夏服（1991～2008）
9. 現行の冬服（2009～）
10. 現行の夏服（2009～）

イラスト 丹下静華（2016年山陽女子高校卒業）

⑥　　　　⑦　　　　⑧　　　　⑨　　　　⑩

コラム　「山陽さん」のシンボル、紺色ワンピースはどのように生まれたか？

　紺色のワンピースの制服は、1934年から70年以上着用し、「山陽さん」のシンボルとなっていた。この制服のデザインは、山陽高等女学校の教師、立岩孝代（1901-1993）が担当した。1986年の創立100周年には、立岩（当時85歳）は本校家庭科教員に宛て制服デザインのいきさつを送っている。

立岩孝代

　その書簡によると、制服の改定の検討が始まったのは1934年頃、生徒や教員から要望が出たという。改定を願いでた立岩は「おこがましくお願いして大変なる事をしたと責任を感じ、皆様から喜んで頂けるようなデザインをしなければと一生懸命研究いたしました。」と語っている。

　制服の研究過程では、ツーピースは他の学校と同じになり、生徒が上着を短くするので、ワンピースにしてはどうかということになった。そこで、ツーピースとワンピースの2案を検討しながら、第一に動きやすく機能的で、学生らしく上品に見えるものをと考えた。2体の見本を見せたところ、ワンピースに決定した。

　ワンピースのデザインは、セーラーカラーで、他の学校と同じになるのを避けて白の1本線を入れ、ヨークをつけた下には2本のプリーツを入れて学生らしさを出した。少し大人っぽくするために胸当ては付けないで、校章のブローチでカラーを留めた。ネクタイは三角で、ウエストをベルトで締めて立体感を出した。

立岩がデザインした制服

　この制服は6月から着用し始め、卒業生や地域の人から「どこの学生さんですか、東京から来られたのですか」「あかぬけた制服ですね」との声が届き喜んだという。

コラム　人気アイドルが山陽女子の制服を着た話

　2013年4月、大手出版社主催で「制服の似合う女子高校生」の写真が公募された。山陽女子高校も応募し、優秀賞に選ばれた。優秀校特典として山陽女子の制服を、当時国民的人気を誇っていたアイドルグループ「AKB48」のメンバー、渡辺麻友が着用し、ポスターが製作された。審査員の渡辺は「制服が自然な感じに似合うかわいい子」とコメントしている。

校門前に掲示されたAKB48渡辺麻友のポスター

応募した本校生徒をモデルにしたポートレート

学園パンフレットあれこれ

山陽学園と入学希望者をつなぐ媒体としてのパンフレットは「学園の顔」。時代を追うごと世間のニーズに合わせ様々な工夫を凝らしている。特に最近10年間の中学高校の表紙写真はすべて自校の生徒がモデルとなり注目を集めている。

1965(昭和40)年

オールモノクロの小冊子。内容は、学園の教育方針や歴史を小さな文字で詳細に解説している。教育課程や卒業生進路の他、保護者職業欄という項目もあり時代を感じさせる。

1977(昭和52)年

表紙がカラーになり大判化した。この年が横長の構成であったのは、同時期に同判型で出版された写真集「山陽学園―九十年の回顧」と共通項があったためであると思われる。

1981(昭和56)年

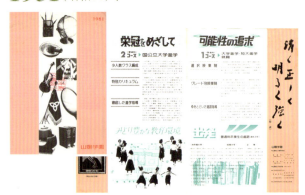

1980年代に入るとポップなデザインが流行し、それまでの堅い女子校のイメージから一新された。内容はビジュアル中心となり、使われるフォントも、この時代らしさをよくあらわしている。

1992(平成4)年

1990年代に入ると学園イメージのアピールを意識した作りとなった。「寝起きを共にして新しい友人をみつける そんな青春があってもいい。 寄宿舎」というキャッチコピーが目を引く。

2001(平成13)年

2000年代は少子化の時代。学校案内パンフレットは重要な生徒募集ツールとなり、表紙デザインや中身は受け取る側のニーズに合致させるべく工夫を凝らした。

2006(平成18)年

2000年代後半には高校のコースが多様化してきた。この時代のパンフレットはそれぞれのコースの特徴をわかりやすく見せるよう編集している。2006年の表紙は今までにないパターンの斬新なものである。

中学・高校 (2007-2016)

 2007
 2008
 2009
 2010
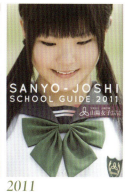 2011
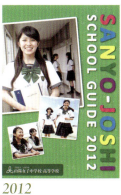 2012
 2013
 2014
 2015
 2016

大学・短大 (2007-2016)

 2007
 2008
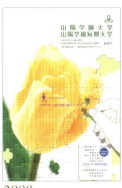 2009
 2010
 2011
 2012
 2013
 2014
 2015
 2016

学園生活いまむかし

いつの時代もアクティブに活動する園児、生徒、学生たちの顔にはエネルギーがあふれている。

中学・高校（高等女学校）

体育祭

50年前の体育祭の人気種目のひとつにパン食い競争があった。パンを食べる選手も支える生徒も実に生き生きとしている。近年の体育祭では、障害物競走のチェックポイントのひとつ「アメ探し」に形を変え、顔を小麦粉で白くしながらも笑顔で楽しんでいる。

2013

1964

2009

社会奉仕

1953

国立ハンセン病療養所への訪問は山陽学園の伝統のひとつ。現在でも継続的に入所者への訪問を行い、生徒だけではなく卒業生もいっしょに穏やかなひとときを過ごしている。

2011

1962

修学旅行

修学旅行は今も昔も学校生活の一大イベント。かつての移動手段は長時間かけての鉄道がメイン。狭い車内で長い時間共にすごし友情を育んだ。現在は飛行機での移動が中心となり、目的地までの移動時間も大幅に短縮されている。

大学・短大

大学祭

何といっても大学祭で盛り上がるのは学生ライブ。1970年代はフォーク全盛期。ジーンズにギターが青春の象徴だった。現在はカジュアルなパフォーマンスとなっている。ハロウィンメイクをした出演者が観客を大いに沸かせている。

2015

1974

幼稚園

運動会

開園当初、まだ園児も少なく、丘陵地を切り開いただけのグラウンドで運動会を行った。万国旗もまだ整備されておらず、園児手作りの旗が色を添えていた。現在は園児も増え、グラウンド飾りも華やかになっている。

2014

1974

コラム　1930年代の卒業アルバムに描かれたポップなイラスト

　制服姿の女子学生が黒板にローマ字を添えて絵を描いている。中央にはペナント風に「SANYO」。これは卒業アルバムの生徒の寄せ書きのページに添えられたなんともポップでかわいいイラストである。絵だけを見せ「いつ頃描かれたものかわかりますか？」と聞いてみたところ、多くの人が1970年〜80年代と答えた。

　このイラスト、なんと今から80年以上前である1930年代の山陽高等女学校専攻科の卒業アルバムの中にあったものだ。戦前の昭和と聞くと軍靴の音響く暗いイメージを抱くことも多いが、それは1940年代に入ってからのこと。1930年代はまだ若さに満ちた女学生らしさを随所で見ることができた。特にこの絵は当時の女学生文化の流行最先端を表現している。

　この絵にある言葉を少し見てみよう。「ZENZAI」は今も昔もスイーツに目がない女子らしさが素直に表現されている。今ならさしずめ「パンケーキ」といったところだろうか。「ANIKI」は「アニキ」の愛称で昭和初期に宝塚

歌劇団男役トップスターとして人気を博していた葦原邦子(1912-1997)のことか。右には「TAKARAZUKA」という書きこみもある。

　いつの時代も女子学生は「カワイイ」ものが大好きだ。山陽高等女学校専攻科の学生たちは「カワイイ」を当時の都会的なセンスで表現した。このイラストはそのことがわかるユニークで貴重な1枚である。

学園点描

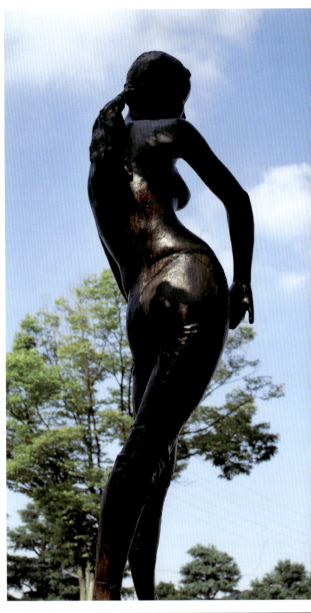

第2部　山陽学園テーマ史

編集後記

　このたび『愛と奉仕―山陽学園創立130年記念誌』の姉妹編として、ビジュアル版『山陽学園130年の軌跡』を発刊いたしました。学園の歴史のみならず、テーマ史として校舎や施設、制服などの変遷も目で見てわかりやすくたどることができ、併せて山陽学園を取り巻く地域の歴史や文化まで垣間見ることのできる一冊となりました。山陽学園の歴史とともに岡山の女子教育、門田界隈を中心とした岡山の近現代史なども概観することができます。

　資料として使用した多くの写真や各種のアーカイブが保存されていたことからも、山陽学園の130年の歴史、伝統の厚味を偲ぶことができます。多くの方々に手に取っていただき、ご自分の人生に重ねるなり、山陽学園が岡山の教育界に貢献してきた歴史を考える縁にするなりしていただければ幸に存じます。

　本書は山陽学園のこれからの50年、100年に向けた持続発展の礎となるものであり、常にこれを念頭に不断の改革を加えながら将来展望を描いていくことが重要であると考えます。

　なお、文中の敬称は省略させていただきました。

写真協力（敬称略、50音順）

　遠藤現建築創作所　　株式会社中国銀行　　山陽放送株式会社　　写真ナガセ　　有限会社建築写真室

参考文献

『山陽学園百年史』1986年　山陽学園
『写真集　岡山県民の昭和史』1986年　山陽新聞社
『写真集　岡山県民の明治大正』1987年　山陽新聞社
『山陽学園120周年記念誌』2006年　山陽学園
岡山県立記録資料館webページ　2010年　岡山県　http://archives.pref.okayama.jp/
『女学生 Style Book』2014年　山陽女子中学校高等学校編集部

編集委員（50音順）

　岩本奈緒子　　岡﨑眞　　塩山啓子　　田中麻依子　　野村泰介　　渡邊雅浩

　装丁　　牧尚吾

山陽学園130年の軌跡

2016年10月18日　初版第1刷発行

編　集―――学校法人山陽学園
　　　　　　〒703-8275
　　　　　　岡山県岡山市中区門田屋敷2-2-16
　　　　　　TEL:086-272-1181　FAX:086-272-3026
　　　　　　http://www.sanyojoshi.ed.jp/

発行所―――吉備人出版
　　　　　　〒700-0823　岡山市北区丸の内2丁目11-22
　　　　　　電話086-235-3456　ファクス086-234-3210
　　　　　　振替01250-9-14467
　　　　　　メール books@kibito.co.jp
　　　　　　ホームページ http://www.kibito.co.jp/

印刷所―――株式会社三門印刷所

製本所―――株式会社岡山みどり製本

©SANYO Gakuen 2016, Printed in Japan
乱丁・落丁本はお取り替えいたします。ご面倒ですが小社までご返送ください。
ISBN978-4-86069-480-7　C0037